Weihnachtsgeschichten

Ingrid Pabst

Weihnachtsgeschichten

Illustriert
von
Robert Erker

Pattloch

Die Deutsche Bibliothek – CIP-Einheitsaufnahme

Ein Titeldatensatz für diese Publikation ist
bei Der Deutschen Bibliothek erhältlich.

© 2000 Pattloch Verlag GmbH & Co. KG, München

Satz und Layout: Ruth Bost, Pattloch Verlag, München
Reproduktion: Fotolitho Longo, I–Bozen
Druck und Bindung: Offizin Andersen Nexö Leipzig –
ein Betrieb der Interdruck Graphischer Großbetrieb GmbH
Printed in Germany

ISBN 3-629-00364-8

Inhalt

Die Weihnachtshöhle

Heute war großer Backtag. Oma Hase stand in der Küche und hatte ihre große rotkarierte Schürze umgebunden. Mit viel Geduld verzierte sie Weihnachtsplätzchen in der Küche. Dabei dachte sie an ihre Enkelkinder, die heute zu Besuch kamen und denen sie das fertige Gebäck schenken wollte.

„Hier noch ein wenig Zuckerguss", murmelte sie, „ach, und da fehlen noch einige Schokostreusel …" Überall waren die kleinen Döschen und Tütchen mit den Zutaten. Mehlstaub lag in der Luft, und dann und wann musste Oma Hase niesen, so kitzelte sie das Mehl in der Nase. Ab und zu guckte sie durch das geöffnete Fenster nach draußen, und schon bald konnte sie das Lachen der Kinder hören.

Opa Hase lag drinnen in der warmen Stube auf dem Sofa und hatte sich die Wolldecke über die Knie gezogen. Den ganzen Morgen hatte er draußen vor der Hasenhöhle Schnee geschaufelt, und nun ruhte er sich ein wenig aus.

Schon kurze Zeit später machte es am Eingang ‚Klingelingeling', und als die Oma die Tür öffnete, kamen lachend und polternd die Enkelkinder herein.

„Hallo Oma, hallo Opa", riefen die Vier im Chor und zogen sich schnell die Stiefel aus.

„Na, ihr habt ja ganz rote Ohren!", lachte der Opa. „Ihr habt wohl tüchtig im Schnee gespielt, oder?"

„Ja, Opa", lachte Friedemann, der Älteste. „Wir haben eine Schneeballschlacht gemacht. Das war lustig!"

„Und wo habt ihr den kleinen Benjamin gelassen? Habt ihr den gar nicht mitgebracht?", fragte die Oma besorgt.

„Benjamin?" Friedemann guckte erstaunt um sich. „Aber ich dachte, der ist schon bei euch?" Susi und Tim nickten zustimmend. Auch Anna bestätigte: „Er wollte doch geradewegs zu eurer Höhle laufen."

„Habt ihr ihn etwa alleine gehen lassen?", fragte die Oma entsetzt. „Er ist doch noch viel zu klein!"

„Aber er hat doch gesagt, er kennt den Weg", meinte Susi.

Tim nickte zur Bestätigung. „Stimmt", sagte auch Friedemann. „Und wir waren schon so nahe bei euch, dass wir gedacht haben ..."

„Aber dann müsste er ja schon längst da sein!", rief Anna aus.

„Kommt, wir gehen ihn suchen", schlug Friedemann vor. Erleichtert, dass sie etwas tun konnten, zogen sich die Kinder wieder an und rannten hinaus in den Schnee.

„Benjamin!", riefen sie immer wieder. „Benjamin!"

Schließlich begann es zu dämmern. Langsam wurden die Kinder immer verzweifelter.

„Er wird doch nicht erfroren sein?", fragte sich Anna, und Friedemann machte sich Vorwürfe, weil er als Ältester nicht besser aufgepaßt hatte. Schließlich saßen die Vier auf einem Baumstamm und ruhten sich ein wenig aus.

„Es ist zum Verzweifeln", sagte Tim. „Was sollen wir nur den Eltern sagen, wenn wir ihn nicht finden?"

Susi weinte leise vor sich hin und sagte. „Der arme kleine Benjamin ..."

Da entdeckte Anna in der Nähe auf einmal einen goldenen Lichtschein in der Ferne. „Seht mal da!", rief sie. „Das ist doch nicht die Höhle von Oma und Opa, oder?"

„Was mag das wohl sein?", fragte Tim. Gemeinsam gingen sie los. Als sie näher kamen, sahen sie, dass der helle Schein von einer Höhle kam, die mitten im Wald unter einem Baum lag.

Zuerst war es so hell, dass sie gar nichts erkennen konnten. Aber sie hörten wunderschöne Musik, die sie zum näher kommen einlud. Schließlich konnten sie in der Höhle einige Figuren entdecken. Zwei davon standen vor einer Krippe und beteten. Außerdem waren da noch Figuren, die aussahen wie Hirten oder wie Engel verkleidet waren. In der Krippe lag … Friedemann musste gleich zweimal hinsehen. Tatsächlich, da lag der kleine Benjamin in der Krippe und schlief selig.

„Benjamin!", wollte er schon fröhlich rufen. Aber dann traute er sich doch nicht. So warteten sie ab, bis die Musik zu Ende war und alle aufgehört hatten, zu singen. Dann stürzten sie an die Krippe und holten ihren kleinen Bruder heraus.

„Endlich, da bist du ja, wir haben uns schon Sorgen gemacht, du kleiner Schlingel", freute sich Anna, und auch Susi und Tim drückten dem verwunderten Benjamin einen Kuss auf die Backe.

„Aber warum denn?", fragte Benjamin erstaunt. „Hier ist doch die Weihnachtshöhle, seht ihr das denn nicht? Und deswegen haben wir für alle Tiere des Waldes die Weihnachtsgeschichte gespielt. Damit alle wissen, warum wir Weihnachten feiern, und dass an Weihnachten das Jesuskind geboren wurde. Und ich …", verkündete er stolz, „ich durfte das Jesuskindlein sein!"

„Ja, ja, du Kindlein", brummte Friedemann. „Du hättest aber schon längst bei Oma und Opa sein sollen! Was glaubst du denn, was wir uns alle für Sorgen um dich gemacht haben?"

„Ja, aber es ist doch Weihnachten", grinste Benjamin verschmitzt, „da kann man doch niemandem böse sein, oder?"

Eine Mütze für Zippel

Als Karli mit seinen neuen Stiefeln durch den tiefen Schnee stapfte, hörte er ein merkwürdiges Geräusch. Es klang wie ein leises Wimmern.

„Hör doch mal!", sagte er zu seiner Freundin Susa.

Susa lauschte in den Wald hinein. Aber sie konnte nichts hören. Nur der Wind heulte wie immer um die Bäume und trieb die Schneeflocken vor sich her.

Sie schüttelte den Kopf. „Du träumst ja, Karli", sagte sie und tippte sich an den Kopf.

Aber Karli blieb wieder stehen. Angestrengt lauschte er. „Da, da war es wieder, aus dieser Richtung kommt es!", meinte Karli. Ohne sich noch einmal umzudrehen, rief er: „Komm Susa, lass uns nachschauen, was da los ist!"

Susa hatte eigentlich keine Lust. „Karli und seine geheimnisvollen Abenteuer", schimpfte sie vor sich hin. Denn schon viele Male war sie Karli gefolgt, wenn er mal wieder irgendetwas Geheimnisvolles gehört oder gesehen haben wollte. Und meistens waren sie dann Stunde um Stunde umhergeirrt, um am Ende nichts zu finden.

„Bestimmt ist es heute wieder so", dachte sie noch. Aber alleine weitergehen wollte sie auch nicht. Also stapfte sie den Spuren ihres besten Freundes hinterher.

Karli kletterte einen Hügel hinauf und auch wieder hinunter, bog ein paar tiefhängende Zweige zur Seite, glitt einen kleinen Abhang hinunter und fand schließlich ein paar winzige Spuren im Schnee.

„Schnell, Susa, komm, hier muss es sein!", flüsterte er aufgeregt.

„Ja, ja, ich komm ja schon!", rief Susa und kam schwungvoll zu ihm heruntergerutscht.

„Pst", machte Karli und zog leise einen Ast beiseite. Darunter kauerte ängstlich ein kleines Wesen.

„Keine Angst, ich tu dir nichts", sagte Karli leise und nahm das kleine Wesen in die Hand. Dort saß es nun und guckte mit großen Augen auf Karli und Susa. In der Hand konnte Karli sein Zittern spüren. Susa betrachtete es neugierig.

„Irgendwie sieht es aus wie ein kleiner Zwerg, findest du nicht, Karli?", fragte Susa.

Karli nickte. „Ja, aber wie ein ganz besonders lieber kleiner Zwerg. Und traurig schaut er aus."

„Warum hast du denn geweint, kleiner Zwerg?", fragte Karli das kleine Wesen in seiner Hand.

Der kleine Zwerg schniefte, und wieder hörte Karli die klagenden Laute, die ihn hergelockt hatten. Dann hörten Susa und Karli staunend zu, was der traurige kleine Zwerg ihnen zu erzählen hatte.

„Ich … ich heisse Zippel und ich bin ein Zwergenkind", schniefte Zippel. „Und ich bin vom Schlitten gefallen, und jetzt und jetzt bin ich ganz alleine … und niemand ist da, und es ist so kalt an meinen Ohren, und Mama und Papa und alle sind weg … Buhuhuhu …"

„Jetzt noch mal von vorne", meinte Susa. „Vom Schlitten zu fallen, ist ja nun wirklich nicht so schlimm. Das kann ja schließlich jedem mal passieren, da musst du doch nicht weinen. Und wenn du uns noch sagen kannst, wo du wohnst, dann bringen wir dich nach Hause und alles wird wieder gut."

Aber nach diesen aufmunternden Worten schluchzte der kleine Zippel nur noch lauter.

„Aber was ist denn, Zippel, was hast du denn?", fragte Karli.

„Ja, weil, das ist so", begann er zu erzählen, „wenn es ganz viel schneit im Wald und es immer kälter wird, dann fahren wir Zwerge auf einem großen Schlitten ins Wullewalleland. Dort ist es immer

warm, und wir können uns unsere weichen Bettchen aus Moos bauen und zu essen gibt es auch immer etwas. Und wir können immer draußen spielen. Aber auf dem Schlitten muss man sich gut festhalten, denn der fährt ganz schnell und kann nicht anhalten, bis er im Wullewalleland angekommen ist.

Erst im Frühling, wenn der Schnee verschwunden ist, kommen die Zwerge wieder in den Wald zurück. Und bis dahin muss ich jetzt warten, weil ich doch hinuntergefallen bin, und meine Mütze habe ich auch noch verloren. Und ohne meine Mütze werden mir die Ohren abfrieren, und wahrscheinlich bin ich sowieso bald schon ganz tot und dann …"

„Na, na, na", sagte Susa und strich sanft mit einem Finger über den Kopf von Zippel. Dann flüsterte sie Karli etwas ins Ohr. „Gute Idee!", sagte Karli. Dann band er einen roten Wollfaden aus seinem Schal um den Ast, unter dem sie Zippel gefunden hatten. Danach steckte er den Zwerg in seine warme Manteltasche, und sie liefen so schnell sie konnten nach Hause. Dort brachten sie Zippel heimlich in den alten Schuppen und bauten ihm rasch aus einem Schuhkarton und einem alten Hemd ein weiches Zwergenbett.

„Wir kommen gleich wieder", flüsterte Susa ihm zu. Dann rannte sie mit Karli wieder hinaus.

„In fünf Minuten treffen wir uns wieder hier!", rief Karli Susa zu und sauste zu seiner Mutter in die Küche.

14

Susa lief nach Hause in ihr Zimmer. Aus der Puppenkiste holte sie eine kleine rote Puppenmütze, und Karli stibitzte ein paar Plätzchen aus der Speisekammer. Die Sachen brachten sie zu Zippel in den Schuppen.

„Hier hast du eine Mütze für deine kleinen Ohren", sagte Susa und zog Zippel die Mütze über den Kopf. „So werden sie garantiert nicht abfrieren", meinte sie.

„Und hier hast du noch etwas zu essen für heute", fügte Karli hinzu und legte Zippel die Plätzchen auf die Bettdecke.

Zippel konnte es gar nicht fassen. „Jetzt frieren meine Ohren doch nicht ab und zu essen habe ich auch! Das sind ja richtig viele Geschenke auf einmal. Habe ich denn heute Geburtstag, oder was?", fragte er erstaunt.

Da mussten Susa und Karli lachen.

„Erstens ist heute Weihnachten, und da lässt man niemanden allein", erklärte Susa. „Und zweitens bekommt an Weihnachten jeder etwas geschenkt", fügte Karli dazu.

Zippel konnte es immer noch nicht fassen. „Und ich auch?" fragte er noch einmal ungläubig.

„Ja, du natürlich auch", sagte Karli noch einmal. „Schließlich sind wir Freunde, oder nicht?"

Zippel nickte aufgeregt.

„Und wenn es wieder Frühling ist, dann bringen wir dich dorthin zurück, wo du deine Familie treffen kannst. Deswegen haben wir einen Faden an den Ast gebunden. So können wir ihn im Frühling wiederfinden. Einverstanden, Zippel?"

„Einverstanden", lächelte Zippel zufrieden und kuschelte sich müde in sein weiches Bett. „Weihnachten ist ein schönes Fest …", murmelte er noch, dann war er auch schon eingeschlafen.

Das Wunschzettel-Püppchen

Vorsichtig reichte die Mutter der kleinen Melissa das Körbchen herunter. Darin lag ein kleines Holzpüppchen, gerade mal einen Finger lang, mit Haaren aus gelber Wolle und einem kleinen blaukarierten Kleid. Es war gut zugedeckt mit einer rotkarierten Bettdecke und lag auf einem ebensolchen Kissen.

„Ui!", staunte Melissa und begann sofort, das Püppchen etwas heftig aus seinem Bettchen zu zerren.

„Vorsichtig!", ermahnte die Mutter. „Mach es nicht kaputt!"

Erstaunt blickte Melissa nach oben. Die Mama war doch sonst nicht so pingelig!

„Das ist mein Wunschzettel-Püppchen. Dieses Püppchen ist etwas ganz Besonderes, denn ich habe es, als ich so klein war wie du, zu Weihnachten bekommen. Und das war ein richtiges Wunder", erklärte ihr die Mutter.

„Ach ja, Mama? Komm, erzähl weiter!", bettelte Melissa.

So kam es, dass Melissa und ihre Mama an einem Winternachmittag, als gerade wieder einmal die Schneeflocken aus dem Himmel herunter auf die Erde tanzten, gemütlich mit einer Tasse Kakao auf dem Sofa saßen. Melissa hielt das Püppchen in den Händen und die Mama erzählte.

„Also, das war so: Wie gesagt, ich war damals genauso alt wie du. Ich konnte schon ein bisschen schreiben, aber malen konnte ich viel besser. Es war kurz vor Weihnachten, da kam meine Mutter zu mir und sagte: ‚Na, hast du denn schon deinen Wunschzettel geschrieben?'

‚Wunschzettel?', fragte ich neugierig zurück. Denn in den Jahren davor hatte es so etwas nicht gegeben.

‚Ja, natürlich! Das Christkind muss doch wissen, was du dir zu Weihnachten wünschst. Du nimmst dir ein Blatt Papier und darauf schreibst oder malst du deine Wünsche auf. Dann legst du den Zettel auf das Fensterbrett und das Christkind holt ihn sich.'

Ich war Feuer und Flamme. Schnell nahm ich meine Buntstifte heraus und begann zu malen. Ein kleines Püppchen wünschte ich mir. Ich konnte es genau vor mir sehen. Es sollte in einem kleinen Bastkörbchen liegen, mit einem blaukarierten Kleid und zugedeckt mit einer rotkarierten Decke."

„Genau, wie dieses hier?", fragte Melissa.

„Ja, genau so", antwortete die Mutter.

„Als ich meinen Wunschzettel fertig gemalt hatte, öffnete ich ein Fenster und legte ihn draußen auf das Fensterbrett.

‚Jetzt geh hinaus, sonst kommt das Christkind nicht, um sich den Wunschzettel zu holen', sagte meine Mutter. Widerstrebend ließ ich mich von ihr aus dem Zimmer ziehen. Denn natürlich wollte ich das Christkind sehen. Also lugte ich vorsichtig um die Ecke. Auf einmal blitzte kurz ein helles Licht auf und war auch schon wieder verschwunden.

‚Ob das wohl das Christkind war?', dachte ich. Schnell schlüpfte ich wieder ins Zimmer hinein und guckte auf das Fensterbrett. Aber da, wo vorher noch mein Wunschzettel gelegen war, glitzerten jetzt nur ein paar Schneeflocken.

‚Das Christkind war da! Das Christkind war da!', rief ich begeistert und tanzte durch die Wohnung.

‚Und, hat es deinen Wunschzettel mitgenommen?', fragte meine Mutter lächelnd.

‚Ja, er ist nicht mehr da, und ich hab das Christkind sogar gesehen', rief ich.

‚So?', fragte meine Mutter erstaunt.

‚Ja, da war ein kurzes helles Licht! Das muß es gewesen sein!', strahlte ich.

Nun konnte ich den Weihnachtstag kaum mehr erwarten. Jeden Tag dachte ich an mein kleines Püppchen und ob das Christkind wohl verstanden hatte, was ich mir wünschte.

Eines Tages war es soweit. Endlich wurde der Weihnachtsbaum hereingetragen und geschmückt. Eine Weile durften wir Kinder das Wohnzimmer nicht betreten. Erst als ein kleines helles Glöckchen erklang und wir den Lichterglanz der Kerzen schon durch die Glastür sehen konnten, holten die Eltern uns herein. Neugierig guckte ich unter den Weihnachtsbaum, wo die Geschenke lagen. Und wirklich! Da lag mein Püppchen, genau dieses, das du jetzt hier in den Händen hältst. Ich konnte vor lauter Staunen und Freude kaum etwas sagen. Es war genauso, wie ich es mir gewünscht hatte."

„Aber wie hat das Christkind das gemacht?", fragte Melissa.

„Ja, das weiß ich bis heute nicht", lächelte die Mama. „Das wird wohl für immer das Geheimnis des Christkinds bleiben."

Vorsichtig legte Melissa das Püppchen wieder zurück in Mamas Hände. Dann kletterte sie vom Sofa herunter und lief hinaus.

„Wohin willst du denn?", rief ihr die Mama nach.

„Einen Wunschzettel für's Christkind schreiben", antwortete Melissa ihr und war auch schon verschwunden.

Die Rettung des Christkinds

Hast du schön gehört? Das Christkind kommt nicht!", erzählte aufgeregt das Wiesel.

„Was?", fragte der Dachs mürrisch zurück.

„Das Christkind kommt nicht", wiederholte das Wiesel.

„Warum soll es denn nicht kommen, es kommt doch jedes Jahr?", fragte die Eule erstaunt.

„Aber dieses Jahr bestimmt nicht, die Maus hat's auch gesagt."

„Ach, was die Maus so alles sagt ...", schüttelte die Eule den Kopf.

„Ja, doch, der Biber hat es mir auch schon erzählt", bestätigte das Reh.

„Was, der Biber? Ja, dann wird es wohl doch stimmen!", meinte die Eule.

„Ja, aber warum denn bloß? Warum sollte ausgerechnet dieses Jahr das Christkind nicht kommen?", fragte der Dachs nach.

„Weil man seinen Schlitten nicht sieht", behauptete das Eichhörnchen. „Ich bin auf den höchsten Baum geklettert, wie ich das jedes Jahr um diese Zeit mache. Wenn man dann genau nach Nordnordnord guckt, an der alten Linde vorbei und unter dem hellen Stern über der Wolke, dann sieht man den Schlitten des Christkinds. Jedes Jahr, pünktlich zur selben Zeit. Nur heute nicht. Zum ersten Mal, seit ich in diesem Wald lebe, sehe ich keinen Schlitten." Wie zur Bekräftigung seiner Erzählung schüttelte das Eichhörnchen heftig den Kopf.

„Das können wir nicht zulassen", sagte der alte Hase. „Denkt doch nur einmal an all die Kinder da draußen. Sollen die etwa dieses Jahr keine Geschenke bekommen?"

Einhellige Zustimmung kam von allen Tieren des Waldes. Sogar der Fuchs äußerte sich deutlich dazu: „Ihr wisst ja, normalerweise interessiere ich mich nicht besonders für Kinder, aber an Weihnachten keine Geschenke zu haben, das geht natürlich nicht! Nein, das können wir nicht zulassen. Aber was sollen wir machen?"

„Ja, das ist eine gute Frage", meinte die Eule. „Hat jemand einen Vorschlag?"

„Klugschwätzerin", raunte der Dachs leise. „Anstatt selbst einen Vorschlag zu machen, fragt sie lieber die anderen."

Da kam fröhlich brummend und pfeifend Brummlbär daher.

„Du kommst wie gerufen", grinste der Fuchs. „Du hast bestimmt eine Idee!"

„Wie, wo, waf?", fragte der Brummlbär erstaunt. „Ich?" Verlegen kratzte er sich am Kopf. „Ich weif ja nicht mal, worum ef eigentlich geht ..." Der arme Brummlbär hatte immer noch eine dicke Lippe und konnte gar nicht richtig sprechen. Eine Biene hatte ihren Wintervorrat an Honig nicht mit ihm teilen wollen und ihn tüchtig in die Unterlippe gestochen.

„Ruhe, jetzt!", rief der alte Hase. „Wenn es wirklich stimmt, was das Eichhörnchen sagt, dann müssen wir etwas unternehmen. Wir müssen das Christkind suchen und nachsehen, wo es steckt. Vielleicht ist der Schlitten bloß im hohen Schnee stecken geblieben oder die Rentiere sind weggelaufen. Wer will also mitkommen?"

„Ich werde vorausfliegen", meinte die Eule großspurig. „Schließlich sehe ich gut in der Dunkelheit und kann das Christkind schon von weitem aufspüren."

„Meine Spürnase übertrifft keiner", sagte die Wölfin. „Wenn es das Christkind noch gibt, werde ich es finden."

„Dann komme ich auch mit", brummte Brummlbär.

„Du? Zu was sollst du denn gut sein?", fragte der Fuchs gemeinerweise.

„Willſt du vielleicht den Flitten auf dem Fnee fiehen, wenn wir das Chriftkind finden?", fragte Brummlbär zurück und machte sich noch ein wenig größer und dicker, als er ohnehin schon war.

„Ich komme auch mit", piepste das Eichhörnchen. „Schließlich war das Ganze meine Idee."

„Gut, dann ist das beschlossen", sagte der alte Hase. „Los, wir gehen das Christkind suchen."

Am nächsten Tag machten sich die Drei auf den Weg. Die Eule flatterte immer ein Stück voraus. Die Wölfin lief als Erste durch den Schnee, immer die Nase am Boden, und das Eichhörnchen turnte meistens auf Brummlbär herum, wenn nicht gerade Bäume in der Nähe waren.

Am ersten Tag konnten sie das Christkind nicht entdecken. Am zweiten Tag meinten sie in der Ferne einen schwachen Glanz am Himmel zu sehen, fast wie ein Leuchten und am dritten Tage schließlich fanden sie es. Es lag auf seinem Schlitten, alle Geschenke um es herum auf dem Boden verstreut. Ein lautes Schnarchen war zu hören. Die Rentiere standen um den Schlitten herum und waren ganz verzweifelt.

„Gut, dass ihr endlich kommt!", riefen sie schon von ferne.

„Ihr müsst uns retten!"

„Was ist denn nur passiert?", fragte die Eule, die natürlich als Erste bei dem Schlitten angekommen war. Bald waren auch die anderen Tiere da.

„Stellt euch vor, dem Christkind ist ein Stück vom Weihnachtsstern auf den Kopf gefallen", erzählte eines der Rentiere. „Und seitdem liegt es auf dem Schlitten und schläft", erzählte ein anderes.

„Wir haben wirklich versucht, es zu wecken. Wir haben mit unseren Glöckchen geklingelt und geklingelt, wir haben es gekitzelt und geknufft, aber es wacht einfach nicht auf."

„Ja, und jetzt wäre es beinahe so weit gekommen, dass es noch Weihnachten verschlafen hätte. Ihr seid gerade noch rechtzeitig gekommen."

„Sachte, sachte", meinte die Wölfin und kräuselte ihre Nase. „Wie sollen wir das Christkind denn wach bekommen, wenn ihr das schon nicht geschafft habt?"

Brummlbär kratzte sich am Kopf. „Ja, wie blof?", überlegte er und die Eule hatte wieder mal nichts anderes anzubieten als: „Ja, das ist eine gute Frage."

Das Eichhörnchen sagte gar nichts. Er war schon längst zum Christkind auf den Schlitten gesprungen.

„Aufwachen, du Schlafmütze, aufwachen!", schrie es so laut es konnte und hüpfte auf der Brust herum wie auf einem Trampolin. Aber das einzige, was das Christkind machte, war noch ein wenig lauter zu schnarchen und mit seinen Handschuhen unwillig in der Luft umherzuwedeln, um den Störenfried zu verjagen.

Aber keiner von ihnen schaffte es, das Christkind zu wecken. Schließlich hatte die Wölfin die zündende Idee. „Wenn es keiner von uns schafft, es zu wecken, dann müssen wir eben dieses Jahr die

Geschenke verteilen. Wisst ihr denn, wo wir überall hinfahren müssen?", fragte er die Rentiere.

„Ja, klar, den Weg kennen wir im Schlaf", meinten sie. „Und die Namen der Kinder stehen auf den Geschenken."

„Also gut", meinte das Eichhörnchen, „dann machen wir es so." Schon hüpfte es dem ersten Rentier auf den Hals und schrie: „Hottehüh!"

Brummlbär hob alle Geschenke wieder auf den Schlitten, setzte sich dazu und legte sich das Christkind auf den Schoß.

So kam es, dass auch in diesem Jahr alle Kinder ihre Geschenke pünktlich zu Weihnachten bekamen.

Das Christkind, so erzählte die Maus später, wachte wohl erst zu Ostern wieder auf. Und als es sah, dass alle Geschenke verteilt waren und das nächste Weihnachten noch so weit entfernt war, legte es sich wieder auf's Ohr und schlief einfach weiter.

Die Tiere des Waldes aber, die das Christkind gerettet hatten, bekamen alle einen besonderen Lichterglanz ins Auge gezaubert, fast so, als ob auch sie ein Stück vom Weihnachtsstern getroffen hätte.

Bei den Weihnachtszwergen

„Papa?", fragt der kleine Michael eines Abends kurz vor Weihnachten.

„Ja, Sohnemann?", antwortet der Papa, der gerade auf dem Sofa liegt und döst.

„Papa, sag mal, an Weihnachten da kommt doch dann das Christkind und das bringt uns dann unsere Geschenke, oder?", fragt Michael weiter.

„M-hm, ich glaub schon", brummt der Papa müde.

„Ja, aber woher hat das Christkind eigentlich die Geschenke, Papa? Geht es die kaufen oder hat es ein Geschäft?", will Michael wissen.

Papa öffnet die Augen. Er denkt nach. Aber so schnell fällt ihm dazu keine Antwort ein. Schließlich richtet er sich auf.

„Tja, das ist eine gute Frage, Sohnemann", sagt er schließlich. „Das weiß ich auch nicht. Aber ich mach dir einen Vorschlag: Heute Abend, wenn du betest, kannst du ja mal das Christkind bitten, dir im Traum zu zeigen, wie es das macht. Vielleicht erfährst du dann mehr."

„Au ja, Papi, das mach ich", meint Michael.

Und als er am Abend im Bett liegt, betet er: „Liebes Christkind, bitte zeig mir doch heute Nacht im Traum, wer eigentlich die schönen Geschenke macht, die du an Weihnachten zu uns Kindern bringst. Danke."

Und kaum hat er die Augen zugemacht, ist er auch schon eingeschlafen. Auf einmal fliegt er mit einem Satz aus dem Bett, hoch durch das Dach in die Lüfte und schon geht es weiter, immer weiter nach Norden.

„Hui", denkt Michael, „das geht aber schnell!" Der Wind pfeift durch seinen Schlafanzug, aber kalt ist ihm eigentlich nicht. Immer schneller saust er über Dächer, Kirchen und Bäume, Dörfer und Städte tauchen unter ihm weg, und immer näher kommt er den Sternen am dunklen Nachthimmel.

Dann wird die Erde unter ihm plötzlich weiß, überall liegt Schnee. Da liegt ein kleiner Wald hinter einem Hügel. Sanft gleitet Michael zur Erde hinab. Unten sieht er winzig kleine Wesen mit großen roten Zipfelmützen stehen.

„So, Michael, bist du gut angekommen?", fragt ihn der Älteste der kleinen Wesen mit dem weißen Bart.

„Ja, äh, aber wer seid ihr denn?", fragt Michael verblüfft zurück.

„Wir sind die Weihnachtszwerge", antwortet Gundalf. „Ich heiße Gundalf und bin der Älteste hier. Ich werde dich ein wenig herumführen. Das Christkind hat mir gesagt, dass du einmal sehen willst, wie die Geschenke entstehen, die die Kinder zu Weihnachten geschenkt bekommen. Also, komm mit, dann zeig ich es dir."

Michael legt seine kleine Kinderhand in die große faltige Hand von Gundalf und gemeinsam gehen sie zu einer großen Tür, gleich am Fuße des Hügels.

Sie öffnet sich wie von Zauberhand und dahinter werden viele Stufen sichtbar, die nach unten führen. Michael folgt Gundalf die Treppen hinunter. Ein warmer Lichtschein erfüllt das ganze Gewölbe, und es tönen Geräusche von Klopfen, Hämmern und Sägen herauf.

In der Werkstatt angekommen, traut Michael seinen Augen kaum. Dort stehen in vielen kleinen Nischen lauter Weihnachtszwerge, die für die Kinder wunderbare Kostbarkeiten basteln und schrauben, sägen und feilen, malen und kleben.

„Hier werden die Spielzeuge angefertigt", erklärt Gundalf.

„Das ist ja toll", meint Michael begeistert. „Guck mal, da ist ein Feuerwehrauto! Genau so eines, wie ich es mir wünsche! Das ist bestimmt für mich!"

Gundalf muss lachen. „Das kann schon sein, Michael, aber du musst bedenken, dass wir hier die Geschenke für alle Kinder auf dieser Welt machen. Und wer welches Geschenk bekommt, das wissen wir nicht, das weiß nur das Christkind."

Sehnsüchtig blickt Michael hinüber zum Feuerwehrauto, das schon so herrlich rot glänzt. Dann seufzt er: „Na gut, dann werde ich wohl doch noch bis Weihnachten warten müssen."

Aber schon hat er sich von Gundalfs Hand losgerissen und läuft durch die Werkstatt. Gespannt rennt er von einem Zwerg zum anderen und guckt zu, wie unter deren geschickten Händen die Weihnachtsgeschenke entstehen.

„Guck mal da, eine Puppenstube für meine Schwester Klara!", ruft er und obwohl er mit Puppen gar nichts anfangen kann, betrachtet er jetzt fasziniert, wie der Zwerg die kleinen Möbel und Figuren kunstgerecht schnitzt, bemalt und in das Puppenhaus einbaut.

Dort wird ein Kreisel und ein Roller gebaut, drüben entstehen bunte Bälle und an der Ecke viele Spring- und Hüpfseile, Spielfiguren und Bauklötze, Eisenbahnen und Spiele.

Michael kann sich gar nicht satt sehen. So viele Spielsachen auf einmal! Aber plötzlich runzelt er die Stirn.

Gundalf fragt: „Na, vermisst du etwas?"

„Ja", sagt Michael, „ich sehe gar keine Bücher, und Computer habe ich auch noch keinen entdeckt. Kommen diese Sachen etwa nicht von euch?"

„Da hast du aber gut aufgepasst", antwortet Gundalf. „Für die Bücher und Computer gibt es besondere Werkstätten."

„Ui, darf ich die auch noch sehen?", fragt Michael, ganz Feuer und Flamme.

Doch bevor Gundalf antworten kann, klingelt es. Und schon wird Michael von irgendetwas nach oben gezogen, geradewegs durch die Decke der Werkstatt fast zum Himmel hinauf. Eben sieht er noch Gundalf winken, da landet er schon wieder in seinem Bett.

„Nein, nein", ruft er aufgeregt, „ich will doch noch die Bücher und die Computer sehen und dann noch die CDs und die Videospiele und ..."

„Hej, Michael, aufwachen! Schluss mit dem Träumen", hört er den Papa sagen.

Michael öffnet langsam die Augen. „Ach Papa!", schimpft er dann. „Jetzt habe ich beinahe alles gesehen und zum Schluss, wo es am spannendsten wird, muss ich aufwachen. Das ist doch gemein!"

„Hm", meint der Papa, und streicht Michael tröstend über den Kopf, „weißt du, dass ich gerade das an Weihnachten am schönsten finde? Dass da immer ein kleines Geheimnis bleibt und es wunderschöne Überraschungen gibt! Findest du das nicht auch schön?"

Die Weihnachtsbäume

Wie in jedem Jahr, tauchten auch diesmal einige Wochen vor Weihnachten an allen Ecken und Straßen die Weihnachtsbaumverkäufer auf. Und so schien sich niemand zu wundern, als plötzlich auch unten am Fluss neben der alten Brücke ein großer silbrig glänzender Lastwagen stand, der jede Menge Weihnachtsbäume geladen hatte.

Einige von ihnen standen bereits unten auf der Erde an einen Zaun gelehnt, die anderen waren noch im Inneren des Lastwagens verborgen. Eine Hütte aus Holz war aufgebaut worden. Darin lehnte ein älterer Mann mit weißem Bart am Tresen und trank aus einem dampfenden Becher heiße Schokolade.

Wieder einmal hielt ein Auto vor der Hütte und heraus sprangen die Kinder einer Familie und deren Eltern auf der Suche nach einem Weihnachtsbaum.

Klaus rief gleich: „Der hier, der ist der Richtige!", aber sein Papa kam mit dem Zollstock in der Hand und stellte fest, dass der Baum viel zu groß sei für ihre kleine Wohnung.

„Na, dann nehmen wir eben den da", schlug Babsi vor.

„Der hat doch hinten gar keine Äste", rief die Mutter.

Der nächste Baum hatte zwar die richtige Größe, aber die Zweige waren zu dicht. Der Übernächste hatte eine abgebrochene Spitze, der Fünfte war der Mutter nicht gleichmäßig genug gewachsen und der sechste und siebte Baum, den sie betrachteten, hatte keine schönen Nadeln bzw. einen zu schwachen Stamm.

Die Familie begutachtete jede Menge Weihnachtsbäume, aber sie konnten keinen finden, der allen gefiel. Bis sie schließlich einen Baum entdeckten, den sie alle vier wunderschön fanden.

„Ich frag mal nach dem Preis", rief Klaus und rannte zu dem Verkäufer in der Hütte. Der hatte das alles von weitem betrachtet und nannte Klaus einen Preis für den Baum. Der aber war dem Vater von Klaus entschieden zu hoch.

„Tut mir leid", sagte dieser achselzuckend zur enttäuschten Babsi. Auch die Mama seufzte, so sehr hatte sie sich schon auf den Baum gefreut. Auch der flehende Blick von Klaus nützte nichts, und der Baum musste schweren Herzens wieder zurückgestellt werden.

Sie hatten sich gerade damit abgefunden, doch noch einen kleineren Baum zu suchen, da kam der Verkäufer aus der Hütte auf sie zu und machte einen Vorschlag.

„Wollen Sie auch einen heißen Kakao?", fragte er, als er die roten Nasen von Klaus, Babsi und den Eltern sah. „Kommen Sie herein zu mir", lud er sie noch einmal ein.

An der Hütte standen am Tresen schon vier dampfende Becher Kakao. Dankbar und etwas verwundert nahmen die vier die heiße Schokolade und tranken sie. Dann sagte der Weihnachtsbaumverkäufer aus der Hütte zu ihnen: „Sie möchten gerne diesen einen Weihnachtsbaum haben? Wissen Sie was, ich schenke Ihnen den Baum, wenn Sie mir etwas versprechen."

Verwundert blickte Herr Schubert – so hieß der Vater von Klaus und Babsi – ihn an. „Was soll ich Ihnen denn versprechen, um Himmels Willen?"

„Ganz einfach", lächelte der Weihnachtsbaumverkäufer. „Sie versprechen mir, daran zu denken, dass Weihnachten ein Fest der Liebe und des Friedens ist."

Frau Schubert sah ihre Kinder und dann ihren Mann an, schließlich nickte sie. Schließlich gab auch Herr Schubert dem Verkäufer die Hand. „Das versprechen wir Ihnen", sagte er feierlich.

Und schon hatten sie den Weihnachtsbaum auf ihr Autodach

geschnallt, winkten dem freundlichen Weihnachtsbaumverkäufer zu und fuhren davon.

Es dauerte nicht lange und wieder hielt ein Auto vor der Hütte des Weihnachtsbaumverkäufers. Die Neuankömmlinge suchten auch nach dem für sie richtigen Baum. Und als sie ihn endlich gefunden hatten, nannte ihnen der Verkäufer wieder einen Preis, der ihnen unerschwinglich schien. Und wieder lud der Verkäufer mit dem weißen Bart die Familie zu einer heißen Tasse Kakao ein, die sie dankbar annahmen.

Und so kamen noch viele, viele Menschen, die, wenn sie eine heiße Tasse Kakao mit dem Mann getrunken hatten und ihr Versprechen gegeben hatten, mit einem geschenkten Weihnachtsbaum wieder davonfuhren.

Niemand sprach darüber, denn jeder dachte, nur er allein hätte einen Baum geschenkt bekommen. Doch nach einiger Zeit gab es keine Weihnachtsbäume mehr an dem Lastwagen unten am Fluss, und eines Tages war auch die Hütte und der Wagen spurlos verschwunden. Die Stelle, an der sie gestanden hatten, sah aus, als wäre hier nie etwas geschehen.

Doch die Menschen dachten noch lange an den seltsamen Weihnachtsbaumverkäufer zurück. Als Weihnachten dann endlich vor der Tür stand und die Kerzen auf dem Baum leuchteten, da war es, als würde der Baum sie noch einmal daran erinnern, dass Weihnachten ein ganz besonderes Fest war, nämlich ein Fest der Liebe und des Friedens.

Der Weihnachtsmantel

Stille lag über dem Wald. Schwer drückte der Schnee die Zweige der großen Tanne nach unten. Darunter verborgen stand eine winzige Hütte. Aus dem Kamin über dem Dach kräuselte sich feiner Rauch nach oben, und aus dem Fenster fiel ein warmer Schein nach draußen.

In der Stube saß ein kleiner Troll. Eifrig stichelte er an einem Mantel, den er bis Weihnachten fertig haben wollte.

„Jetzt brauche ich nur ein wenig von dem roten Garn", sagte er fröhlich, „dann bin ich auch schon fertig."

Er suchte in seinem Nähkorb nach dem passenden roten Garn. Alle Farben des Regenbogens kamen zum Vorschein, nur das rote Knäuel konnte er nicht finden.

Der kleine Troll, er hieß Fufu, schüttelte den Kopf und murmelte unverständliches Zeug vor sich hin. „Das gibt's doch gar nicht! Ach hier … nein, das ist es auch nicht, hm, wo ist es denn? Zum heiligen Trollibus, kann es denn wahr sein, dass ich kein rotes Garn mehr habe?"

Schließlich schüttete er den ganzen Nähkorb auf den Tisch, und so kullerten alle Garnknäuel auf den Boden, und manche rollten sogar bis unter das Bett. Es dauerte eine ganze Weile, bis Fufu wieder alle Knäuel in den Korb gelegt hatte, aber das rote Garn hatte er immer noch nicht gefunden.

„Dann werde ich also doch vor Weihnachten noch einmal zum alten Fidibus gehen müssen, um rotes Garn zu besorgen. Na, der wird Augen machen", überlegte Fufu. „Hoffentlich fragt er mich nicht, wofür ich das Garn brauche", dachte er, denn der Mantel sollte nämlich eine Überraschung für den alten Fidibus sein. Alle im

Dorf hatten zusammengelegt, um dem Alten eine Weihnachtsüberraschung zu bereiten.

Der Dingi hatte die Wolle geliefert, die alte Kathi hatte die Wolle gesponnen, der Wofmo und die Betra hatten den Stoff gewebt, die Momi hatte den Stoff zugeschnitten und zu einem Mantel zusammengenäht und er, Fufu, hatte es schließlich übernommen, den Mantel mit den gebührenden Verzierungen zu versehen. Und jetzt war ihm ausgerechnet kurz vor Weihnachten das rote Garn ausgegangen. So etwas Ärgerliches!

Er sah auf seine Kuckucksuhr, die an der Wand hing. „Wenn ich mich beeile, schaffe ich es gerade noch", murmelte er, schlüpfte schnell in seine warmen Stiefel und den dicken Mantel und öffnete die Tür. „Brr, ist das heute aber kalt", schimpfte er und zog die Mütze noch etwas tiefer über die Ohren.

Fufu mochte die Kälte gar nicht. Viel lieber lag er im Sommer auf einem weichen Moospolster in der Sonne und ließ sich den Bauch wärmen. Wäre da nicht Weihnachten gewesen, er hätte auf den Winter gut verzichten können. Schnee? Igittigitt, den konnte er gar nicht gut leiden. Der war viel zu kalt und nass, und überhaupt spürte er da immer seinen Rücken.

Fufu verschloss sorgfältig die Tür hinter sich und stapfte durch den tiefen Schnee an den drei Birken vorbei hinüber zum Häuschen des alten Fidibus. Sein Atem dampfte in der kalten Winterluft, und als er an die Tür vom alten Fidibus klopfte, war seine Nase schon ganz rot gefroren.

„Fufu, was machst du denn noch zu so später Stunde draußen in dieser Kälte?", fragte der alte Fidibus überrascht, als er die Tür öffnete.

„Ach, ich habe noch eine Stickerei zu machen bis Weihnachten", murmelte Fufu und schämte sich fast ein bisschen, als er fortfuhr, „und jetzt ist mir das rote Garn ausgegangen."

„So, was für eine Stickerei denn?", fragte der alte Fidibus neugierig.

„Immer will er alles wissen", dachte Fufu. Aber dafür bekam man bei Fidibus auch immer die neuesten Nachrichten gratis geliefert, wenn man bei ihm etwas einkaufte. Nur heute durfte Fufu doch nichts erzählen, sonst hätte er ja alles verraten.

„Ich weiß, du willst es immer ganz genau wissen,", sagte Fufu, „aber heute kann ich es dir nicht sagen. Nun gib mir schon das rote Garn, ich zahle ja auch gut dafür."

„Du kannst es umsonst haben, wenn du mir sagst, wofür du es brauchst", versuchte ihn der alte Fidibus zu locken und seine Augen glänzten vor Neugier. „Du hast doch nicht etwa eine heimliche Freundin, von der ich noch nichts weiß?", fragte er neugierig weiter.

Fufu schüttelte den Kopf. „Weißt du, Fidibus, deine Neugier wird dich eines Tages noch den Kopf kosten! Steck ihn lieber nicht in Dinge, von denen du nichts verstehst", sagte er nun mit mahnender Stimme und machte ein ernstes Gesicht.

„Holla!", tönte nun der alte Fidibus, aber so sicher war er sich nun nicht mehr. So hatte er Fufu ja noch nie gesehen. Naja, er würde schon noch hinter das Geheimnis kommen, so viel war sicher. „Kommt Zeit, kommt Rat", dachte er und überlegte schon, wer ihm wohl etwas darüber verraten könnte.

Schließlich gab er Fufu das rote Garn, kassierte einige Kupfermünzen dafür und ließ ihn dann gehen.

„Gute Nacht, Fufu, und nichts für ungut!", rief er ihm noch freundlich hinterher.

Fufu schüttelte gutmütig den Kopf, hob die Hand zum Abschied und machte sich auf den Heimweg.

Am gleichen Abend noch machte er die Stickerei auf dem Mantel fertig. Denn schließlich war am nächsten Tag Weihnachten, und da wollten die Trolle ihn ja verschenken.

Am nächsten Morgen verpackte er den Mantel sorgfältig in ein großes Stück Papier und band eine bunte Schleife herum. Dann half er den anderen Trollen beim Schmücken der Gemeinschaftshütte, in der sie alle zusammen feiern wollten.

Als es am Nachmittag langsam dunkel wurde, zündeten sie die Kerzen an und machten ein großes Feuer im Kamin. So hatten sie es schön warm und gemütlich. Endlich waren alle Gäste versammelt und das Fest konnte beginnen. Alle Trolle waren gekommen, auch die, die etwas weiter entfernt im Hügelland wohnten, saßen jetzt gemeinsam mit denen vom Tannenwald am Tisch und ließen sich das Festtagsessen schmecken. Dann wurden die Geschenke verteilt. Jeder bekam eine Kleinigkeit, und vor allem die Kinder freuten sich sehr über die neuen Spielsachen. Natürlich mussten sie sie gleich ausprobieren, und schon bald tobten sie zwischen den Tischen herum, und überall hörte man fröhliches Lachen.

Nur einer saß trübsinnig an seinem Tisch und starrte gedankenverloren in seinen Krug Bier. Das war der alte Fidibus. Neugierig, wie er war, hatte er schon vor der Feier versucht, herauszufinden, welches Päckchen wohl für ihn bestimmt war. In das eine oder andere weniger gut verschlossene hatte er hineingespäht. Immer wieder hatte er beim Verteilen gedacht: „Das ist jetzt aber bestimmt für mich!", und hatte schon freudig die Hände ausgestreckt, aber nie war eines in seine Hände gewandert. Und so saß er nun am Tisch und hatte als einziger Troll noch kein Geschenk bekommen.

„Sie haben mich einfach vergessen", schniefte er vor sich hin. „Oder haben sie etwas verwechselt, und das eine oder andere wäre doch für mich gewesen? Die Gitarre zum Beispiel, die in dem grünen Päckchen war, oder der Kalender aus dem blauen Päckchen?", grübelte er vor sich hin.

Auf einmal wurde es ganz leise im Saal. Fufu hatte unbemerkt für den alten Fidibus ein großes Paket aus dem Nebenraum geholt und auf den Tisch gelegt.

Der alte Fidibus war so in seinen Gedanken versunken, dass er davon nichts bemerkt hatte. Erst als das Paket vor ihm auf dem Tisch lag, guckte er erstaunt hoch.

„Ist das etwa für mich?", fragte er ganz überrascht und packte rasch den Mantel aus. Schnell schlüpfte er hinein und drehte und wendete sich. „Der ist aber schön!", freute er sich. „Aber das hab ich ja gar nicht gewusst, dass ihr so etwas Schönes für mich macht!"

Die Trolle mussten lachen. „Jetzt haben wir es doch noch geschafft, dich zu überraschen", freuten sie sich. „Ja, und dabei wäre es beinahe schief gegangen", lachte Fufu.

Der alte Fidibus schämte sich ein bisschen. „Ja, und dann hätte ich gar keine Weihnachtsüberraschung gehabt", sagte er leise. „Danke, dass ihr mich trotzdem alle so lieb habt", rief er und eine kleine Träne kullerte seine Backe herunter.

„Kommt, jetzt lasst uns wieder fröhlich sein und weiter feiern!", rief Fufu und begeistert stimmten alle ein.

Timeo geht zum Weihnachtsmann

Es war einmal ein kleines Reh, das wollte unbedingt ein Rentier werden. Schon als seine Eltern ihm das erste Mal vom Weihnachtsmann und seinen Rentieren erzählt hatten, war er ganz begeistert gewesen. Timeo, so hieß das kleine Reh, träumte begeistert von dem großen Schlitten mit den vielen Geschenken darauf.

„Dann bekomme ich auch solche Glöckchen wie die anderen Rentiere und kann mit dem Weihnachtsmann durch den Wald fahren. So bringen wir den Kindern überall auf der Welt die Geschenke", freute er sich.

Mama und Papa Reh sagten anfangs gar nichts zu Timeos Idee, ein Rentier werden zu wollen. Sie wussten schließlich, dass aus einem Reh niemals ein Rentier werden konnte. Denn ein Rentier ist eben ein ganz anderes Tier als ein Reh, auch wenn es manchmal so ähnlich aussieht. Ein Rentier ist viel größer und kräftiger und liebt vor allem auch die Kälte des Nordens. Rehe hingegen freuen sich im Winter jeden Tag auf's Frühjahr, wenn es endlich wieder wärmer wird und die würzigen Kräuter auf den Wiesen wieder beginnen zu wachsen.

Wenn der kleine Timeo also mal wieder Rentier spielte und kleine Holzstücke oder Zweige hinter sich herzog, lächelten Mama und Papa Reh vor sich hin und dachten sich: „Das vergeht schon wieder, lass ihn nur erst älter werden."

Aber als Timeo größer und kräftiger wurde, wurden aus den kleinen Holzstücken und Zweigen Äste und kleine Stämme. Die zog er nun vergnügt durch den Wald.

„Seht her, seht her, bald bin ich ein richtiges Rentier", rief er jedem zu, der ihm begegnete. Und die Tiere des Waldes lachten und dachten: „Der Timeo, der ist schon ein komisches Reh, aber er wird es schon noch begreifen ..."

Aber Timeo blieb beharrlich. Er wollte Rentier beim Weihnachtsmann werden, und wenn er so richtig ausgewachsen war, dann würde er hingehen und sich als Rentier bewerben.

Eines Tages war aus Timeo ein richtiger Rehbock geworden, und Papa Reh hielt den Tag für gekommen, mit seinem Timeo ein ernstes Wort zu reden.

„Komm, Timeo, wir gehen ein Stück spazieren", sagte er und gemeinsam stapften sie durch den winterlichen Schnee. „Ich weiß, seit du ein Kind bist, träumst du davon, ein Rentier zu werden. Mama und ich haben bisher nichts dazu gesagt, weil wir dachten, wenn du erst einmal größer und vernünftiger bist, wirst du von alleine damit aufhören. Aber jetzt bist du ein junger Rehbock und immer noch hast du diese Flausen im Kopf."

„Das sind keine Flausen, Papa", widersprach Timeo heftig. „Ich weiß, ich kann es schaffen. Ich kann Baumstämme wie kein anderer durch den Wald ziehen, das hast du doch gesehen! Da werde ich doch mit ein paar anderen Rentieren so einen läppischen Geschenkeschlitten ziehen können!"

„Ja, Timeo, das ist schon richtig. Aus dir ist ein kräftiger Rehbock geworden. Mama und ich sind stolz auf dich, und es wird dir sicher nicht schwer fallen, im nächsten Frühjahr eine Familie zu gründen. Ich bezweifle auch gar nicht, dass du in der Lage bist, einen Schlitten zu ziehen. Aber trotzdem bist und bleibst du ein Reh und kein Rentier. Aus dir wird niemals ein Rentier werden, auch wenn du dich noch so sehr anstrengst!"

Timeo senkte den Kopf. Einerseits hatte er keinen Grund an den Worten seines Vaters zu zweifeln. Andererseits hatte er da diesen langgehegten Traum ...

42

„Ich verstehe ja, dass ihr euch Sorgen um mich macht", antworte- te er schließlich. „Aber ich muss es einfach versuchen. Wenn der Weihnachtsmann mich wirklich nicht nimmt, dann komme ich wie- der zurück und werde nie wieder etwas anderes sein wollen, als ein Rehbock. Einverstanden, Papa?"

Der Papa seufzte. „Deine Mama wird gar nicht glücklich darüber sein", meinte er, „aber verstehen kann ich es schon, mein Sohn. Ich wünsche dir viel Glück und hoffentlich bis bald!"

„Auf Wiedersehen, Papa!", rief Timeo und winkte seiner Mutter zu, die am Waldrand aufgetaucht war. Dann machte er sich auf den Weg, den Weihnachtsmann zu suchen. Jeden Tag lief er ein Stück weiter nach Norden durch den Schnee. Mit der Zeit fror er immer mehr, und bald war seine Nase ganz rot gefroren und auch seine Ohren wurden immer röter. Manchmal wäre Timeo am liebsten um- gekehrt und nach Hause gelaufen. Aber dann dachte er: „Ich muss das durchhalten, sonst lachen mich die anderen aus, wenn ich jetzt schon zurückkomme."

Schließlich, nach einer langen Reise von fünf ganzen Tagen, war er am Nordpol angekommen. Von weitem konnte er die Hütte des Weihnachtsmannes sehen. An einem Gatter vor der Hütte standen die Rentiere und fraßen. Timeo hatte auch Hunger, aber erst wollte er den Weihnachtsmann fragen, ob er denn auch den Schlitten mitziehen dürfte.

Zitternd vor Kälte und Aufregung klopfte er an die Tür. Der Weih- nachtsmann öffnete. „Hohoho, das ist doch der Timeo!", rief er. „Was führt dich denn hierher?"

Timeo war so erstaunt, dass der Weihnachtsmann seinen Namen kannte, dass er erst einmal kein Wort herausbrachte.

„Ja, äh, ja also, ich bin hergekommen, weil ich doch so gerne ein Rentier sein würde", stammelte er schließlich.

„Hoho", sagte der Weihnachtsmann. „Das ist aber nicht so einfach, denn du bist ja ein Reh. Wie soll aus dir denn dann ein Rentier werden?"

„Nein, ich meinte, ich möchte, ich wollte … Also ich würde gerne mit den anderen Rentieren zusammen den Schlitten ziehen an Weihnachten, mit den Geschenken darauf zu den Kindern und so … hab ich gedacht …" Timeo senkte den Kopf. Der Weihnachtsmann sah nicht gerade so aus, als hätte er ausgerechnet auf Timeo gewartet. Aber dann kam die Überraschung.

„Hm", sagte der Weihnachtsmann und strich sich seinen langen weißen Bart. „Hm, hm … naja … kräftig bist du ja … Hast du denn schon einmal etwas gezogen in deinem jungen Leben?", fragte er dann Timeo.

Dieser nickte eifrig. „O ja, ich übe das Ziehen schon seit ich ein ganz kleines Reh war, ich kann es bestimmt. Lassen Sie es mich doch versuchen!"

Der Weihnachtsmann legte den Kopf auf die Seite, betrachtete Timeo noch eine Weile und nickte dann bedächtig.

„Das könnte gehen", meinte er. „Mein alter treuer Matti hat sich eigentlich eine Pause verdient. Wenn du willst, kannst du für ihn einspringen."

Timeo konnte es kaum fassen und machte einen Luftsprung vor Freude. „Ja, nun wird mein Traum doch endlich wahr!"

„Wir werden es für einen Tag versuchen", meinte der Weihnachtsmann. „Dann kann sich Matti ausruhen, und wenn es wirklich klappt, dann kannst du bleiben."

Und so kam es dann auch. Solltest du den Schlitten des Weihnachtsmannes einmal sehen, dann guck genau hin. Sieht das zweite Rentier von links nicht genau so aus wie ein Reh?

Betty und die Babypuppe

Betty lebte mit ihren Eltern und ihren Geschwistern Maxi, Klara und Felix in einem gemütlichen Zuhause mitten in der Stadt. Es war kurz vor Weihnachten. Betty liebte diese Zeit, in der alles so festlich geschmückt war. Ihre Eltern hatten ihr schon vor langer Zeit erzählt, dass die Menschen jedes Jahr die Geburt des Jesuskindes an Weihnachten feierten. Mit den Festen und Geschenken dachten sie an das größte Geschenk, das sie mit dem Jesuskind bekommen hatten, nämlich die Liebe.

Betty freute sich auch auf die Kirche, in der sie wie jedes Jahr an Weihnachten feierliche Lieder singen würden und in der ein geschmückter Christbaum stehen würde.

Auch die vielen guten Sachen, die es an Weihnachten immer zu essen gab, machten diese Zeit zu einem besonderen Erlebnis. Wenn schon lange vor Weihnachten der Geruch von Plätzchen durch die Wohnung zog und dann an den Festtagen Braten und feinste Speisen auf die Familie warteten, wäre für Betty beinahe alles perfekt gewesen.

Wenn da nicht noch etwas gewesen wäre, was für Betty eigentlich am allerwichtigsten war: die Geschenke. Schon seit Wochen freute sich sich auf ihr Weihnachtsgeschenk. Lange hatte sie sich überlegt, was sie sich wünschen sollte. Eines Tages wusste sie es plötzlich: Die Babypuppe aus dem Schaufenster des Spielwarengeschäftes musste es sein. Und als ihre Mutter sie fragte, ob sie schon wüsste, was sie auf ihren Wunschzettel schreiben würde, da nickte sie eifrig. Sogar den Namen des Geschäftes schrieb sie dazu, damit kein Irrtum entstehen konnte und die Mutter ihr womöglich die falsche Puppe unter den Baum legen würde.

In den Tagen vor Weihnachten hatten die Eltern von Betty, Maxi, Klara und Felix viel zu tun. Denn sie hatten nicht viel Geld, um üppige Weihnachtsgeschenke zu kaufen. Nach der Arbeit verschwand der Papa in seiner Werkstatt und verschloss die Tür sorgfältig hinter sich. In dieser Zeit war der Zutritt zu diesem Raum für alle Kinder strengstens untersagt, und sogar die Mutter durfte nur hinein, wenn sie vorher angeklopft hatte. Drinnen stand der Papa an seiner Werkbank und sägte, hämmerte, lackierte und nagelte an einem Lastwagen für Maxi und einem Bagger für Felix.

Die Mama setzte sich, wenn die Kinder endlich im Bett waren, unter die hellste Lampe, die es in der Wohnung gab und nähte für Klara eine neue Kuscheldecke aus lauter kleinen Stoffresten. Als sie fertig war, fütterte sie sie noch mit den weichsten Stoffen, die sie finden konnte. Dann kam die Puppe für Betty an die Reihe. Immer wieder hatte sie vor dem Spielwarengeschäft gestanden und sich die Babypuppe genau angeschaut, die Betty sich so sehr wünschte. Mit viel Liebe versuchte sie nun diese Puppe für Betty zu nähen. Sie stopfte sie mit Watte aus und hatte sogar ein Paar Puppenaugen gekauft, damit das Gesicht möglichst echt aussah. Schließlich nähte sie noch ein paar Kleider und Schuhe für die Puppe, so dass Betty sie auch an- und ausziehen konnte, genau wie bei der Babypuppe aus dem Geschäft. Und als sie ihr auch noch die feinen Haare an den Kopf genäht hatte, sah die Puppe wirklich wunderschön aus. Zufrieden packten die Eltern die Weihnachtsgeschenke für ihre Kinder in schönes Papier ein, um sie am Weihnachtstag unter den Baum legen zu können.

Endlich war der große Tag gekommen. An diesem Morgen war Betty als Erste wach. Schnell weckte sie ihre Geschwister und ihre Eltern. Aber es war ja noch so viel Zeit bis zum Nachmittag, an dem sie endlich ihre Geschenke auspacken durften!

Aber schließlich brannten am Weihnachtsbaum die Kerzen, die Geschenke lagen hübsch verpackt darunter, und als das Glöckchen erklang, stürmten die Kinder ins Wohnzimmer. Als Betty ihren Namen auf dem Päckchen las, wusste sie sofort, dass etwas nicht stimmte. Wenn die Puppe aus dem Schaufenster in dem Paket gewesen wäre, dann hätte die Schachtel größer sein müssen. Mühsam unterdrückte sie ihre Tränen und mit einem letzten Rest an Hoffnung wickelte sie die Puppe aus dem Papier. Doch dann verschwendete sie kaum noch einen Blick auf sie. Sie sah nicht die hübschen Kleider, die ihre Mutter für die Puppe genäht hatte, sie sah auch nicht, mit wie viel Liebe ihre Mutter die Babypuppe gebastelt hatte. Sie war einfach nicht die echte schöne Puppe aus dem Geschäft, sondern eben nur eine selbst gemachte.

Als ihre Mutter sah, dass Betty sich gar nicht über die Puppe freute, sondern sie achtlos liegen ließ, standen ihr auch die Tränen in den Augen. Doch sie sagte nichts.

Am nächsten Tag war die Familie bei den Großeltern zum Festtagsessen eingeladen. Betty war immer noch enttäuscht und hatte schlechte Laune. Der Großvater saß an diesem Tag wie immer in seinem hohen Lehnstuhl und machte ein mürrisches Gesicht.

„Ich hasse Weihnachten", sagte Betty und setzte sich zu ihm.

„Oh, ich auch", sagte der Großvater. „Es ist jedes Jahr das Gleiche. Immer bekomme ich etwas geschenkt, was ich sowieso nicht brauche. Krawatten oder Hausschuhe oder so etwas."

„Ja, oder man wünscht sich etwas, und dann machen sie sich noch nicht einmal die Mühe, einem genau das zu kaufen", schimpfte Betty. Aber dabei hatte sie ein etwas komisches Gefühl.

Eine Weile grummelten die beiden noch vor sich hin. Dann fragte der Großvater: „Na, hast du Lust Mühle zu spielen?"

Betty war gleich begeistert. Sie holte das Mühlespiel aus dem Schrank und breitete es auf dem Tischchen vor dem Großvater aus. Den ganzen Nachmittag verbrachten die beiden damit, Mühle zu spielen, und als es Abend wurde, hatten sie beide einen lustigen Nachmittag verbracht.

Die Großmutter war verblüfft, als sie sah, dass der Großvater auf einmal sein mürrisches Gesicht abgelegt hatte.

„Kommst du mal wieder vorbei, um mit mir Mühle zu spielen, Betty?", fragte er seine Enkelin fröhlich.

„Klar, Großvater", sagte Betty, „wie wäre es mit Dienstag?"

„Geht klar!", antwortete der Großvater verschmitzt. „Weißt du was? Irgendwie war es doch kein so schlechtes Weihnachten dieses Jahr", fügte er hinzu. „Ich habe heute sogar etwas dazugelernt: Das größte Geschenk ist, glaube ich, wenn man von jemandem geliebt wird und sich jemand Mühe mit einem gibt."

„Da könnte was dran sein", meinte Betty, und irgendwie hatte sie inzwischen ein ganz schlechtes Gewissen. Sie fand es gar nicht mehr schön, dass sie die Babypuppe so einfach liegen gelassen hatte. Jetzt freute sie sich schon darauf, mit ihr spielen zu können.

Als Betty nach Hause kam und die Puppe immer noch unter dem Weihnachtsbaum liegen sah, fing sie plötzlich an zu weinen. Sie drückte die Puppe mit den hübschen Kleider an sich. Dann lief sie rasch zu ihrer Mutter.

„Es tut mir so leid, Mama", sagte sie. „Du hast dir so viel Mühe gegeben und ich habe es gar nicht gemerkt. Aber jetzt freue ich mich darauf, mit der Puppe zu spielen. Und außerdem hat niemand sonst so eine schöne Puppe wie ich und so eine liebe Mama!"

Ein Stern geht auf

Von wegen klein!", schrie Mausi und schüttelte und zerrte so heftig an dem Tannenzweig, dass eine riesige Ladung Schnee auf Thilo fiel.

Thilo schüttelte sich den Schnee aus dem Fell und schrie zurück: „Na warte, du kleines Biest! Wenn ich dich zu fassen kriege, mache ich dich noch kleiner, als du sowieso schon bist!"

„Pah, du Dickwanst", rief Mausi und streckte Thilo die Zunge heraus. Dann war sie auch schon hinter dem nächsten Baumstamm verschwunden. Thilo folgte ihr auf seinen großen Pfoten, aber gerade, als er seinen langen Arm ausstreckte, um die kleine Mausi zu greifen, huschte sie durch ein kleines Astloch in den hohlen Baumstamm und war für Thilo erst einmal verschwunden.

Oben linste sie aus einem anderen Loch wieder heraus und rief übermütig: „Hallo, du Großmaul, da bin ich!"

Doch gerade, als Thilo die ersten Meter des Baumstammes erklommen hatte, war Mausi innen auch schon wieder heruntergerutscht und lief davon.

„Diese ewigen Streithähne", schüttelte Elsa, die Eule, den Kopf. Dabei handelte es sich bei Mausi und Thilo gar nicht um Hähne, sondern um Eichhörnchen. Gut, Mausi war tatsächlich ein wenig klein geraten, und Thilos Vorliebe für leckere Walnüsse war an seinem etwas rundlich geratenen Bauch unschwer zu erkennen, aber mussten sich die beiden auch unentwegt streiten?

„Könnt ihr denn nicht einmal Frieden halten?", schimpfte sie von ihrem Baum herunter. Doch die beiden waren schon längst verschwunden und jagten sich weiter durch den Wald.

„Ts, ts, ts", schüttelte Elsa noch einmal den Kopf und rollte ein wenig mit den Augen, wie es eben die Art von Eulen ist. Als endlich Ruhe eingekehrt war und sie auch von weitem die Stimmen von Mausi und Thilo nicht mehr hören konnte, schlief sie wieder ein.

Aber es dauerte nicht lange, da wurde sie von reichlich ärgerlich klingenden Stimmen wieder geweckt.

„Ach, ich verstehe einfach nicht, warum du nicht wenigstens manchmal früher nach Hause kommen kannst", schimpfte Mutter Reh mit ihrem Ehemann.

Der schüttelte unwillig sein Geweih und blickte in die Ferne.

„Nun sag schon", fuhr Mutter Reh fort, „was soll ich denn den Kindern sagen, sie fragen doch immer nach dir?"

Oben auf ihrem Baum öffnete Elsa vorsichtig ein Auge. „Schon wieder Streit", dachte sie und seufzte.

„Ich versuche doch nur einen besseren Futterplatz für uns alle zu finden", verteidigte sich der Vater. „Jetzt gib mir noch die Schuld, wenn du mit den Rackern nicht klarkommst."

„Die Kinder brauchen eben auch einen Vater!", schimpfte Mutter Reh weiter.

Elsa, die nun genug gehört hatte, öffnete auch das zweite Auge.

„Genau!", mischte sie sich nun ein. „Das ist doch wieder typisch Mann: Futterplatz suchen, dass ich nicht lache! Wärst du mal zu mir gekommen, ich hätte dir gleich den besten Futterplatz gesucht. Ich habe ja schließlich Flügel und kann sogar in der Nacht noch was sehen. Dann hättest du wieder mehr Zeit für deine Kinder gehabt! Aber ihr könnt ja immer alles besser, pah!"

„Ist ja schon gut", brummte Vater Reh, und bald hörte Elsa die beiden Rehe nur noch aus weiter Ferne.

Gerade dachte sie, dass sie nun wieder ein wenig dösen könnte, da wurde es schon wieder unruhig im Wald.

„Hab ich dich, du Dieb!", schrie der Hase Robbi erbost und

schüttelte den armen Benni, einen anderen Hasen, am Kragen. „Hilfe, Hilfe!", schrie der. „Hilfe, ein Überfall! Warum hilft mir denn keiner?"

Elsa konnte nicht anders, breitete ihre Flügel aus und flog zu den beiden Hasen hinüber.

„Was ist denn hier schon wieder los?", fragte sie.

„Hier, ich habe endlich den Dieb gefangen, der die Beeren von meinem Lieblingswaldbeerenstrauch stiehlt", verkündete Robbi wütend und stolz zugleich. „Da hast du den armen Sünder!" Wieder schüttelte er Benni ein bisschen am Kragen.

Benni versuchte verzweifelt, sich zu befreien. „Von wegen dein Lieblingswaldbeerenstrauch. Das glaub ich gerne, dass das deine Lieblingswaldbeeren sind, das sind ja auch die besten, die ich je gezüchtet habe. Aber der Strauch steht auf meinem Grundstück!"

„Das kannst du jetzt leicht behaupten", schimpfte Robbi weiter. „Aber ich behaupte das Gegenteil: Der Strauch gehört zu meinem Grundstück, also gehören die Waldbeeren mir! Ganz allein mir und ich, nur ich darf sie essen, am besten mit feinster, köstlichster süßer Sahne!" Schon bei dem Gedanken daran lief Robbi das Wasser im Mund zusammen, und er verdrehte verzückt die Augen.

„Gemeinheit!", rief Benni. „Da habe ich das ganze Jahr die Arbeit, und wenn ich dann endlich meine Beeren ernten will, klaust du mir gleich den ganzen Strauch!"

Elsa hielt sich die Ohren zu. Sie konnte die Streiterei nicht mehr hören. Als sie eine Weile nachgedacht hatte und sich den Strauch genau ansah, entdeckte sie, dass daran ja gar keine Beeren hingen.

Elsa plusterte ihre Federn auf, rollte dreimal mit den Augen und versuchte dann mit ihrer Stimme die beiden Hasen zu übertönen:

„Sagt einmal, ihr Einfaltspinsel", schrie sie, so laut sie konnte, „ist euch eigentlich schon aufgefallen, dass da gar keine Beeren am Strauch hängen, die einer von euch klauen könnte?"

Verwirrt hielten Robbi und Benni einen Moment inne. Robbi ließ Benni sogar los. Beide starrten ungläubig auf den Strauch, dann blickten sie zu Elsa und wieder von vorne auf den Strauch.

Aber gerade, als Elsa dachte, nun hätten die beiden ihren dummen und nutzlosen Streit beigelegt, da fingen sie doch schon wieder an.

„Dann reiß ich den Strauch jetzt heraus, weil du ihn auf mein Grundstück gepflanzt hast", rief Robbi und lief schon hinüber.

„Halt, das ist mein Strauch und der steht auf meinem Grundstück", schrie Benni und folgte Robbi so schnell er konnte.

Nun hatte Elsa wirklich genug. Sie breitete ihre Flügel aus und flog durch den dunklen Wald. Sie hoffte, doch irgendwo ein friedliches Plätzchen zum Schlafen zu finden. Aber nein, überall, wo sie hinkam, gab es Streit.

Endlich landete sie auf einer dunklen Tannenspitze und sah in den Himmel hinauf. Wolken drängten sich dort oben zusammen. Elsa schüttelte den Kopf und murmelte: „Und das an Weihnachten …"

Da geschah auf einmal das Wunder: Der Wind frischte auf und schob einige besonders dicke Wolken beiseite. Als sie endlich beiseite gezogen waren und der Weihnachtsstern am Himmel stand, wurde es immer heller und heller. Sein Leuchten breitete sich immer weiter aus und schließlich hatte es auch den gesamten Wald erfasst. Alle Tiere blickten ungläubig nach oben und waren ganz gefangen von der Wärme und dem Licht, das der Weihnachtsstern ausstrahlte. „Fröhliche Weihnachten!", klang es von überall her, und wie durch ein Wunder hatten Mausi und Thilo, Mutter und Vater Reh, Robbi und Benni und all die anderen Tiere ihren Streit vergessen. Endlich zog wieder Ruhe und Frieden in den Wald ein.

„Schau, Mausi", rief Thilo, „ich teile meine leckerste Weihnachtswalnuss mit dir!"

Vater Reh nahm Mutter Reh beiseite und raunte: „Von jetzt an gehen wir alle gemeinsam auf die Suche nach einem Futterplatz, einverstanden?"

Und Benni schlug Robbi vor: „Du hilfst mir ein bisschen beim Unkraut jäten, und wenn die Waldbeeren an meinem Strauch reif sind, dann teilen wir sie, einverstanden?"

Elsa klappte zufrieden die Augen zu und murmelte noch: „Warum kann eigentlich nicht jeden Tag so ein Frieden herrschen?" Dann war sie auch schon eingeschlafen.

Und der Weihnachtsstern wanderte weiter über das Land, um überall Licht und Frieden zu verbreiten.

Das Weihnachtsgeschenk

Der kleine Fabian lebte alleine mit seiner Mutter in einer kleinen Wohnung mitten in einer großen Stadt. Es war Winter geworden, und schwer und grau lagen die dicken Schneewolken über den Häusern. Fabian guckte aus dem Fenster hinaus. Bald war Weihnachten, und er hatte noch immer kein Geschenk für seine Mama.

Dieses Jahr wollte er ihr etwas richtig Schönes schenken. Das Problem war nur, dass er für etwas richtig Schönes eine Menge Geld brauchte. Und genau das fehlte sowohl Fabian als auch seiner Mutter. Fabian seufzte laut vor sich hin.

Da kam seine Mutter herein. Sie trug ihr dunkelblaues Kleid und sah nicht sehr glücklich aus. Sie betrachtete sich eine Weile im Spiegel und strich sich mit der Hand über den Hals.

„Was ist denn, Mama?", fragte Fabian.

„Ach nichts … Ich dachte nur, eine Kette würde zu diesem Kleid hübsch aussehen, aber jetzt muss es eben so gehen."

„Du bist auch so wunderschön, Mama", sagte Fabian, „die wunderschönste Mama auf der ganzen Welt."

„Danke, mein kleiner Mann, das ist wirklich lieb von dir", antwortete Fabians Mutter und nahm ihn lächelnd in den Arm, aber Fabian spürte, dass sie trotzdem noch etwas traurig war.

Fabians Mutter wollte heute Nachmittag ausgehen. Deshalb warteten sie jetzt auf Fabians Großvater, der in der Zwischenzeit auf ihn aufpassen sollte. Da klingelte es schon an der Tür.

„Großvater!", rief Fabian begeistert und rannte zur Tür.

Schnell schlüpfte Fabians Mutter in ihren Mantel, und nach einem letzten Abschiedskuss war sie auch schon verschwunden.

„Na, Fabian, freust du dich denn schon auf Weihnachten?", fragte ihn der Großvater mit einem Zwinkern in den Augen. „Und hast du schon überlegt, was du deiner Mama zu Weihnachten schenkst?"

„Ja, na ja, ich weiß nicht", antwortete Fabian.

„Was heißt das, du weißt nicht?", fragte der Großvater, nahm Fabians Kinn in die Hand und drehte sein Gesicht zu sich her. „Na, du hast doch was, das seh ich dir an. Hast du was ausgefressen?"

„Nein, hab ich nicht", schüttelte Fabian heftig den Kopf.

„Du könntest es mir aber ruhig sagen, das weißt du doch, oder?", sagte der Großvater.

Fabian nickte still.

„Also, jetzt komm mal her zu mir." Der Großvater setzte sich in den großen Ohrensessel und klopfte neben sich auf die Armlehne. Fabian trottete widerwillig hinüber. Dann kletterte er den Sessel hinauf und guckte traurig zu Boden.

„So schlimm?", fragte der Großvater.

Fabian schniefte. Ein dicke Träne kullerte seine Backe hinunter. „Weißt du", begann er langsam, „die Mami ist wunderschön, aber ich glaube, was sie sich wirklich wünscht, ist eine Kette zu ihrem blauen Kleid. Und ich würde ihr so gerne eine schenken. So eine richtig schöne, mit Brillanten und so."

„Du meinst, mit echten Brillanten?"

„Ja, so etwas Glitzerndes und total Schönes, wie man es immer im Fernsehen sieht, wenn die reichen Frauen auf einen Ball gehen, verstehst du, Opa?"

Der Großvater seufzte. „Ja, ich weiß, was du meinst, Fabian. Aber so etwas ist sehr teuer und von meiner Rente …"

„Das ist es ja", sagte Fabian. „Du hast kein Geld und ich hab kein Geld und Mama hat auch kein Geld. Aber ich wollte ihr doch etwas richtig Schönes schenken und dafür braucht man Geld."

Nachdenklich sah Fabian seine Uhr an, die er zum letzten Ge-

burtstag geschenkt bekommen hatte. „Meinst du, dafür könnte ich etwas Geld bekommen?", fragte er seinen Großvater und deutete auf seine Uhr.

Der Großvater drückte Fabian. „Du musst deine Mama sehr lieb haben, wenn du deine Uhr für sie hergeben würdest?"

„Hab ich auch", sagte Fabian.

„Ich fürchte nur, dass das Geld, das du dafür bekommen würdest, nicht ausreicht."

„Aber ich hab doch sonst nichts, wofür man Geld bekommen kann", meinte Fabian traurig.

Ein Weile schwiegen sie beide.

Dann sagte der Großvater: „Meinst du nicht, dass sich die Mama auch freuen würde, wenn du ihr etwas Schönes bastelst?"

„Ja, aber ich wollte ihr doch etwas richtig Schönes schenken", murmelte Fabian traurig, und wieder kullerte eine dicke Träne seine Backe hinunter.

„Tja, dann hilft nur noch ein Wunsch", sagte der Großvater.

„Ein Wunsch?", fragte Fabian erstaunt. „Von wem soll ich mir etwas Schönes für Mama wünschen?"

„Wie wäre es mit dem lieben Gott", schlug der Großvater vor. „Er hat deine Mama genauso lieb wie du und vielleicht lässt er ja ein Wunder geschehen."

Fabian guckte ihn zweifelnd an.

„Aber du musst natürlich auch etwas dafür tun", sagte der Großvater. „Denk mal nach und schau hinaus."

Fabian starrte auf die Schneeflocken draußen.

Was meinte der Großvater nur? Da plötzlich schoben sich die dicken Wolken ein wenig zur Seite und die Sonne kam heraus.

Überall glitzerte und funkelte es, als die Sonnenstrahlen den Schnee berührten. Es sah so aus, als ob da draußen jede Menge

Diamanten und Brillanten liegen würden. Schnell rutschte Fabian vom Sessel, lief in den Flur und zog sich seine Stiefel, die Mütze, den Schal und die Handschuhe an.

Dann sauste er in die Küche, holte sich ein Tablett und lief hinaus in den Schnee. Aus den glitzernden und glänzenden Schneekristallen formte er lauter kleine Kugeln, die er sorgsam eine neben die andere auf das Tablett legte. Schließlich war er fertig, und auf dem Tablett lag eine funkelnde schneeweiße Kette. Strahlend stellte Fabian das Tablett draußen auf dem Balkon auf einen Stuhl. Dann kam er wieder herein.

„Jetzt werde ich mir ganz fest wünschen, dass aus dieser Schneekette eine richtige Kette für Mama wird. Sie muss genauso funkeln wie diese, das ist das Wichtigste", sagte Fabian mit ernster Miene.

„Gut", nickte der Großvater. „Aber das bleibt unser Geheimnis, einverstanden?"

„Einverstanden", versprach Fabian.

Als die Mutter am nächsten Tag das Tablett draußen auf dem Balkon entdeckte, war darauf nur noch etwas Schnee zu sehen, den sie achtlos herunterfegte.

„Mama!", rief Fabian.

„Ja, was ist denn?", fragte die Mutter.

„Ach, nichts." Fabian senkte den Kopf. Er hatte ja dem Großvater versprochen, nichts zu verraten. Schnell ging er in sein Zimmer.

„Bitte, lieber Gott, ich hoffe, du hast sie gesehen", betete Fabian still vor sich hin. „So eine glitzernde Kette muss es ein, bitte!"

Die Tage bis Weihnachten vergingen schnell.

Jeden Abend betete Fabian darum, dass an der Stelle, wo vorher das Tablett gestanden hatte, nicht doch eine wunderschöne Kette für seine Mutter liegen würde. Jeden Tag sah er nach, aber so sehr er auch suchte und den ganzen Schnee vom Balkon fegte, nie konnte er eine Kette entdecken und das machte ihn furchtbar traurig. Aber ihm fiel auch keine andere Geschenkidee ein.

Endlich war der Weihnachtsabend gekommen. Sein Großvater war gekommen und ein kleiner geschmückter Weihnachtsbaum stand in der Ecke des Zimmers. Die Kerzen brannten schon und der Großvater fragte Fabian: „Na, hast du es dir auch ganz fest gewünscht?"

Fabian konnte kaum sprechen. Er hatte einen dicken Kloß im Hals und sowieso keinen Appetit.

„Ja", flüsterte er „ich hab es mir so sehr gewünscht, aber irgendetwas ist schief gegangen und jetzt habe ich gar kein Geschenk für …" Fabian konnte sich gerade noch das Gesicht abwischen bevor seine Mutter ins Zimmer kam, aber eine Träne glitzerte immer noch verräterisch auf seiner Backe.

„Was ist denn mit dir, Fabian?", fragte seine Mutter, die gerade mit dem Essen hereinkam.

„Ach, ich …", schniefte Fabian und senkte den Kopf.

Die Mutter biss sich auf die Lippen. Wahrscheinlich war Fabian traurig, weil das heiß ersehnte Fahrrad wieder nicht unter dem Weihnachtsbaum stand. Aber Fabian dachte an etwas ganz anderes. Er überlegte fieberhaft, was er jetzt noch tun könnte. Vielleicht geschah ja doch noch ein Wunder.

Als seine Mutter und der Großvater das Geschirr in die Küche zurückbrachten, schlüpfte er noch einmal schnell hinaus auf den Balkon. Vielleicht, vielleicht, jetzt wäre noch Zeit … da lag doch etwas?

Hastig nahm Fabian das Schächtelchen und schlüpfte wieder ins Zimmer. Und tatsächlich, es lag eine wunderschön glitzernde und funkelnde Kette in der Schachtel. Sie sah aus, als wäre sie aus lauter Brillanten, genauso, wie Fabian sie sich gewünscht hatte.

„Danke, lieber Gott", betete er schnell und legte das Kästchen dann zu den anderen Geschenken unter den Weihnachtsbaum. Dann setzte er sich mit glühenden Wangen auf das Sofa und wartete auf die beiden anderen.

Schließlich kam der große Moment des Geschenkeauspackens. Nur das kleine Kästchen lag noch unter dem Weihnachtsbaum.

„Für wen ist das denn?", fragte die Mutter erstaunt.

„Für dich, Mama", sagte Fabian stolz. „Von mir! Die hab ich mir für dich gewünscht! Und das Christkind hat sie gebracht."

Dann blickte er verschwörerisch zu seinem Großvater hinüber. Und als die Mutter das Kästchen aufmachte und sich die schöne Kette um den Hals legte, da sah nur sie das Zwinkern in den Augen des Großvaters.

„Die ist wirklich wunderschön, Fabian", sagte sie.

„Genau wie du, Mama", rief Fabian und umarmte seine Mutter. „Fröhliche Weihnachten!"

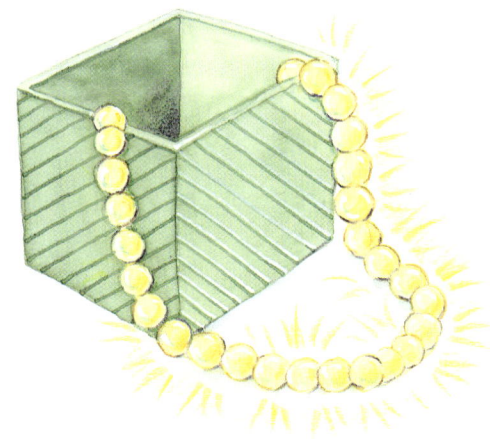